Danken,
die stolze Demut
der starken Zukunft

Jochen Schleef

Danken,
die stolze Demut
der starken Zukunft

Bibliografische Information der Deutschen Nationalbibliothek:

Die Deutsche Nationalbibliothek verzeichnet diese Publikation
in der Deutschen Nationalbibliografie; detaillierte bibliografische
Daten sind im Internet über http://dnb.dnb.de abrufbar.

© 2020 Jochen Schleef

Grafik: tanewpix789/ Sunflowerr/ Vik Y/ LilKar/ Shutterstock.com

Satz, Umschlaggestaltung, Herstellung und Verlag:

BoD – Books on Demand, Norderstedt

ISBN: 978-3-7519-2711-6

Ehrliches Danken ist der überzeugte, disziplinierte und nachhaltige Umgang mit dem Geschenk der friedvollen Werte eines jeden.

In meinem ersten Büchlein *Der Zauber hin zum Frieden* beschrieb ich den Zauber als eine Veränderung von Sichtweisen. Ich beleuchtete und hinterfragte zahlreiche Wahrnehmungen und sich daraus entwickelnde Einstellungen. Stets, wie auch nachfolgend, mit friedlicher Absicht.

In diesem Büchlein beziehe ich direkt Stellung, überwiegend zu den globalen Herausforderungen unserer Zeit. Ich möchte einen friedvollen, starken Mut vermitteln, die Chancen für Veränderungen, die in Krisen liegen, zu sehen und diese auch zu ergreifen. Mein Wunsch ist es somit, Ihnen mit meinen Ausführungen einen Weg vorzustellen, um Sie zu ermutigen, ihre eigene Stärke zu erkennen und möglicherweise so zu handeln, dass Sie sich Ihre Zufriedenheit und Fröhlichkeit bewahren bzw. erlangen und genießen können.

Dies sind großartige Geschenke!

Obwohl ich einige Zitate verwende, welche meine Einstellung untermauern sollen, möchte ich ausdrücklich betonen, dass ich keinesfalls den Anspruch einer Allgemeingültigkeit erhebe! Dieses Recht habe ich nicht. Allein Sie, jeder für sich, möge entscheiden, ob die aufgeführten Argumente vielleicht zum Teil mit dem eigenen derzeitigen bzw. zukünftigen Denken und Handeln in Einklang zu bringen sind.

Widmen möchte ich dieses Büchlein meinem älteren Bruder, welcher 1992 tödlich verunglückte. Er fehlt mir heute noch sehr!

Gedenken möchte ich aller Verstorbenen, insbesondere aber jener, welche auf Grund der Corona-Krise, des Terrors, des Flüchtlingsdramas und der Naturkatastrophen ihr Leben ließen.

Danken möchte ich all jenen, welche sich so unermüdlich für das Wohl der Mitmenschen einsetzen. Sie lassen Wunder geschehen und sind eine der tragenden Säulen einer jeden friedlichen Zivilisation.

Ihr
Jochen Schleef

Danken, …

In Anlehnung an die sechste Strophe des Liedes *Danke für diesen guten Morgen* aus dem Evangelischen Gesangbuch Nr. 334 möchte ich Ihnen folgende Interpretation des Dankens vorstellen:

Danke, ach Herr, ich will dir danken,
dass ich *denken* kann.

Das althochdeutsche Wort *thanc*, das mittelhochdeutsche Wort *danc* und das mittelniederdeutsche Wort *dank* sind abgeleitete Substantiva zu *denken*. Demnach besteht offensichtlich ein Zusammenhang zwischen dem DANKEN und dem DENKEN.

Der Dank nun steht in der Regel im Zusammenhang mit einem Geschenk, also der Überlassung von etwas, was nicht eingefordert werden kann, gleich in welcher Art und Ausprägung.

Viele von uns kennen die Situation, dass man sich aus Zwängen, welcher Natur auch immer, für etwas bedanken muss, was man gar nicht haben möchte. Man denkt also über die Verpflichtung zum Dank nach und ist als Antwort darauf zum Dank verpflichtet. Auf diese, wohl eher destruktive Verhaltensstruktur gehe ich nicht weiter ein.

Bekommt man jedoch etwas geschenkt, worüber man sich freut, was aber mit einer Verpflichtung gleich welcher Art bezüglich des Umgangs mit dem Geschenkes gegenüber dem Schenkenden einhergeht, so bedarf dies einer anders motivierten Form des Dankes. Denn kommt man der Verpflichtung umfassend nicht nach, so spricht der Gesetzgeber von »grobem Undank«, weshalb eine Schenkung rechtlich rückabgewickelt werden kann. Der Beschenkte wird somit bestraft.

Eine dritte Form des Dankens, auf welche ich nachfolgend eingehe, ist der Umgang mit Geschenken, welche wir empfangen dürfen, ohne dass bei grobem Undank eine sofortige Sanktionierung erfolgt. Dieses bedeutet, dass der Schenkende es dem Beschenkten mit großem Vertrauen zutraut, nachhaltig sorgsam mit dem Geschenk umzugehen, und sich selbst nicht direkt einmischt. Obendrein wird eine Gebrauchsanleitung beigefügt. Es kann der Empfänger den Geber zwar um Rat im Umgang mit dem Geschenk fragen, er kann es jedoch keinesfalls zurückgeben oder abtreten. Bei dieser eigenverantwortlichen Form des Dankens sollte spätestens das Denken beginnen. Denn bei grobem Undank bestraft sich der Beschenkte selbst, vielleicht nicht kurzfristig, wohl aber mittel- und insbesondere langfristig.

Es ist offensichtlich, dass es sich hierbei um das Geschenk des Lebens, den Umgang mit der sozialen Vielfalt in und unter den Kulturen sowie den mit der Natur handelt. Der sich daraus ergebene nachhaltige Dank ist ...

... die stolze Demut ...

Beide Begriffe, Stolz und Demut, scheinen sich auf den ersten Blick zu widersprechen. Dass sie sich jedoch ergänzen bzw. sogar bedingen können, möchte ich im Folgenden erläutern.

Der stolze Mensch bringt sein Gefühl der Freude und der Zufriedenheit darüber, etwas bekommen oder erreicht zu haben, wofür er zuvor für sich und/oder andere eine Leistung erbracht hat, zum Ausdruck. Der Stolz ist somit ein berechtigtes, wohltuendes und nachhaltiges Gefühl der Belohnung.

Und nun der Bezug zur Demut.

Ein demütiger Mensch ist keiner, welcher zur Unterwürfigkeit gezwungen wird oder sich dieser gegenüber verpflichtet fühlt. Dieses sind unfreie Menschen. Ich möchte vielmehr auf die folgende Begriffserklärung der Demut eingehen, wie sie bei Wikipedia veröffentlicht ist: »Der Demütige erkennt und akzeptiert aus freien Stücken, dass es etwas für ihn Unerreichbares, Höheres gibt.« Er ordnet sich also freiwillig etwas Höherem unter. Ist Demut in allen friedlichen Religionen somit nicht ein beruhigendes, befreiendes und anspornendes Element, eine übergeordnete Macht um Rat fragen und sich nach dieser ausrichten zu können?

C. S. Lewis beschreibt Demut so: »Demut bedeutet nicht, weniger *von* sich selbst zu denken. Es bedeutet, weniger *an* sich selbst zu denken.« Deutlich wird, dass jeder durchaus an sich selbst denken sollte, jedoch mit Wahrung einer Maßhaltigkeit.

Ein sicherlich stark übertreibendes und zynisch formuliertes Sprichwort bringt die Empfindung des Einzelnen gegenüber der Gesellschaft in großen Teilen der Vergangenheit wie folgt zum Ausdruck: »Die Welt ist schlecht! Jeder denkt nur an sich. Nur ich denk an mich.« Aber es hat sich ja schon einiges gewandelt.

Albert Schweitzer beschreibt die Horizonterweiterung der Demut sehr deutlich, indem er sagt: »Demut ist die Fähigkeit, auch zu den kleinen Dingen des Lebens emporzusehen.«

Spürbar deutlich wird die Abgrenzung von Demut zur Arroganz, Überheblichkeit und Anmaßung, welche der Hochmut bedingt. In beiden Wörtern, »Demut« und »Hochmut«, steht das Wort »Mut«, also die Eigenschaft, die Angst zu überwinden, etwas zu wagen bzw. sich auf etwas einzulassen. Aber mit welchem Erfolg? Der im Volksmund weit verbreitete Spruch »Hochmut kommt vor dem Fall« hat seinen Ursprung bereits im Alten Testament der Bibel in den Sprüchen Salomons, Kapitel 16, Vers 18. Aber warum ist das so, ohne Ausnahme?

Laut Duden bedeutet Hochmut ein »auf Überheblichkeit beruhender Stolz und entsprechende Missachtung gegenüber anderen oder Gott«. Der Stolz basiert somit nicht auf eigenen Leistungen, vielmehr auf Herabwürdigung der Leistungen anderer und man nimmt dabei einen selbstgerechten Status ein. Also liegt der Mut des Demütigen darin, sich auf seine eigenen, begrenzten Möglichkeiten einzulassen. Hingegen braucht der Hochmütige seinen Mut dafür, den für ihn äußerst reizvollen, mit Sicherheit zeitlich befristeten »Höhenflug« anzutreten. Da sein stolzes Auftreten nicht auf dem Fundament eigener Leistungen ruht, wird er abstürzen müssen. Nur was kommt dann?

Die hier klar gezogene Abgrenzung zwischen demütigen und hochmütigen Menschen gibt es in der Realität wohl kaum so! Jeder Demütige trägt auch hochmütige Charakterzüge in sich und lebt diese. Urteilen dürfen und müssen wir, jedoch mit dem Verurteilen sollten wir somit sehr behutsam umgehen. Als sehr wünschenswert erachte ich es, dem Abstürzenden eine kontrollierte Notlandung zu ermöglichen, sofern er keine Gefahr für die Gesellschaft ist. So etwas nennt man GNADE. Vielleich entdeckt der Hochmütige so die ohnehin in ihm verankerten Werte der Demut in sich.

All dieses kann doch nur bedeuten, dass ein *jeder* sehr stolz auf sich sein darf, wenn er selbst mit friedlicher Motivation eine Leistung im Rahmen seiner eigenen Möglichkeiten für sich und/oder andere erbracht hat. Ist eine solche Haltung nicht ein Ausdruck der stolzen Demut, …

… der starken …

Stärke ist das Gegenteil von Schwäche. Das wissen wir alle. Körperliche Stärke ist das Resultat eines disziplinierten Trainings mit entsprechender Ernährung. Auch das wissen wir.

Nur wie verhält es sich mit unserer geistigen bzw. Willensstärke? Sind dieses auch Resultate eines disziplinierten Trainings, und wenn ja, woher kommt die Nahrung, also die Energie hierfür?

Als Synonym für ein Ergebnis ungeahnter Stärke verwenden wir gerne den Begriff des Wunders. Aber Wunder gibt es bekanntlich nicht, nur menschliche Ratio, oder?

Du bist wunderschön. Das Wunder von Bern. Das Wunder von Lengede. Das Wunder der Natur und des Menschen. Alle diese Ausdrücke beschreiben Realitäten, teils solche, die von uns geschaffen wurden, teils solche, in und mit denen wir leben. Bitte noch mal: Wunder sind real, wir können sie sehen und anfassen. Nur woher kommt die Nahrung, die Energie, Wunder zu bewirken? Und wer bewirkt sie?

In der christlichen Philosophie heißt es als Ausdruck der Stärke: »Der Glaube versetzt Berge«. Hierzu möchte ich Ihnen eine vielleicht ergänzende Sichtweise vorstellen. Vergleichen wir einen sehr starken Glauben mit der Energie eines großen Akkus, so wird sehr deutlich, dass dieser ein Hilfsmittel, ein Werkzeug, wie zum Beispiel einen Motor, benötigt, um eine Arbeit verrichten zu können. Der heilige Franziskus formuliert es so: »O Herr, mach mich zu einem Werkzeug deines Friedens.« Also bitte: Nicht der Glaube versetzt Berge. Wir, jeder Einzelne von uns kann durch seinen Glauben an ein Ziel, vorzugsweise in der Gemeinschaft, »Berge versetzen«, Wunder real machen. Anders formuliert, er kann besser sein, als er ist. Nur wem gelingt so etwas? Es sind meist die stillen, ruhigen Menschen, welche unermüdlich an ihrem Ziel arbeiten.

Hilde Domin formuliert es mit den Worten: »Nicht müde werden. Nicht müde werden, sondern dem Wunder leise, wie einem Vogel, die Hand hinhalten«. Den Arm also niemals fallen lassen. Entsprechend formuliert es Katharina von Siena: »Nicht das Beginnen wird belohnt, sondern einzig und allein das Durchhalten.«

Ist es nicht bemerkenswert, dass sich solche Menschen niemals durch das laute Getöse der Hochmütigen von ihrem friedlichen Kurs abbringen lassen?

Nur, wo gibt es solch starke Persönlichkeiten noch? Haben wir die persönliche Gewinn- und damit Wohlstandsmaximierung einiger wenige nicht zum starken Fundament der Industriestaaten erkoren? Ist die Normalität vielleicht schon jene, dass zur Realisierung dieser Ziele, wie Donald Trump es lebt, nahezu jedes Mittel recht ist? Die weltweite Corona-Krise, das weltweite Flüchtlingschaos und die durch den Menschen verursachten Naturkatastrophen machen doch sehr deutlich, wie instabil diese »starken« Fundamente unserer Zivilisation wirklich sind. Ich vergleiche unsere eine Erde gerne mit einem starken Ast an einem Baum. Wir haben uns alle größte Mühe gemacht, diesen möglichst stark anzusägen. Es ist doch wohl dringend an der Zeit, das Gewicht möglichst aller jeweils benötigten Ressourcen auf möglichst alle Zweige dieses Astes zu verteilen, um eine stabile Ausgewogenheit zu ermöglichen. Zeitgleich müssten alle möglichen Anstrengungen unternommen werden, damit der stark verletzte Ast dauerhaft verheilen kann. Ich bin mir absolut sicher, dass ein kompletter Absturz noch zu verhindern ist. Nur, wir müssen mit Nachhaltigkeit handeln.

In der Corona-Krise folgen die Staatsführer mit ihren Anweisungen für die Bevölkerung eindeutig den fundierten Erkenntnissen der Wissenschaft. Warum tun sie dies nicht auch im Bereich des Klimaschutzes? An dem Flüchtlingsdrama sind die Industriestaaten mit Sicherheit Mitverursacher. Warum haben so viele Flüchtlinge nicht auch ein Recht auf eine gesicherte Existenz und warum werden sie stattdessen mit Gewalt von unseren Grenzen ferngehalten bzw. schauen wir beim Ertrinken dieser Menschen auch noch zu? Ist der hochmütige Teil der Realität nicht jener, dass sich einige wenige einen immer größeren Teil vom Kuchen einverleiben, welchen sie ohnehin schon lange nicht mehr verdauen können, nur um selbst den möglichen Absturz des Astes gut gepolstert überleben zu können? Soll das die Normalität sein?

Die Welt, in der wir leben, ist für die meisten Menschen wohl zu einem Alptraum geworden. Es wäre somit sehr schön, wenn uns jemand zwicken würde und alles wäre wieder in Ordnung. Nur, wäre das nachhaltig, würden wir danach nicht wieder auf einen drohenden Absturz hinarbeiten? Sehr erfreulich und deutlich erkennbar ist doch, dass zahlreiche Menschen bereits von ihrer inneren Stärke »gezwickt« wurden und tätig werden, um eine für alle positive Veränderung herbeizuführen. Frau Dr. Jutta Diekmann formuliert es so: »Die Normalen haben die Welt nicht verändert.« Und das ist so! Gerade in der Corona-Krise verlassen zunehmend viele Menschen ihren durch die Gesellschaft anerzogenen gesicherten Horizont der Lebenseinstellung: Was habe ich wirtschaftlich davon? Worauf ich hinaus will, ist deutlich, nämlich auf den immer größer werdenden demütigen Teil unserer Gesellschaft, deren Fundamente nachhaltig sicher verankert sind und weder bei Sturm noch Orkan wanken. Ich spreche von der unermesslichen Stärke des Akkus der Nächstenliebe, welcher so viele Menschen unermüdlich befähigt, wahre Wunder geschehen zu lassen. Denken Sie nur an die vielen Ehrenämter, deren Ausübung häufig eine persönliche Gefahr in sich birgt, immer mit dem Ziel, anderen zu helfen, aus aktueller Sicht nur beispielhaft, also stellvertretend, der immense Einsatz in den Bereichen der Grundversorgung mit Lebensmitteln, medizinischer Versorgung und Forschung, Sicherheit durch die Ordnungshüter sowie die überparteilich gute Koordination des erforderlichen Reglements. Ausdrücklich anmerken möchte ich, dass ich unter Parteien nur die Vielzahl derer verstehe, welche sich auf die demokratischen Grundwerte unserer Verfassung stützen. Eine besondere Würdigung gilt wohl zweifelsfrei all den Jugendlichen und Nachbarn, welche sich um das wohl älterer Mitmenschen kümmern und sorgen. Der Dank ist allen gewiss, das Gefühl, sehr viel gut Koordiniertes geleistet zu haben, Stolz, Zufriedenheit und den Ansporn, weiterzumachen. All diese Menschen sind doch zweifelsfrei jene, welche den höchsten Wohlstand einer Zivilisation mehren, den Wohlstand an Menschlichkeit.

Es gibt durchaus Menschen, welche von sich behaupten, keine Fehler in ihrem Leben gemacht zu haben. Dies mag durchaus so sein, denn sie haben nichts bewegt und bewirkt. Die Mehrheit der Menschheit sollte jedoch bedenken, dass sie trotz vielleicht redlicher Bemühungen durchaus auch Fehler gemacht hat. Kees Snyder formuliert das so: »Leben ist Zeichnen ohne Radiergummi«. Dieses macht sehr deutlich, wir können Fehler der Vergangenheit nicht ungeschehen machen. Wir dürfen daran nur nicht zerbrechen. Vielmehr sollten wir sie beurteilen, daraus lernen und so gestärkt einen anderen Weg aufzeichnen.

Vielleich reicht die Stärke sogar dafür, auch andere bei der Verarbeitung ihrer Vergangenheit zu unterstützen und sie auf einem neuen Weg zu begleiten. Mit den biblischen Worten aus Galater, Kapitel 6, Vers 2: »Einer trage des anderen Last ...«

Wie wir uns auch drehen und wenden, wir müssen uns an dem Akku, nennen wir ihn Liebe oder Menschlichkeit, aufladen. Mit Sicherheit möchte nahezu jeder, aus welchen Umständen auch immer, etwas vergelten. Ich möchte Sie bitten, urteilen Sie. Das dürfen und müssen Sie. Nur seien Sie bitte mit dem Verurteilen vorsichtig. Auch Sie haben Fehler und Sie können ihre Energie viel nachhaltiger einsetzen. Nochmals, man nennt das Gnade und Güte. Wachsen Sie über sich hinaus. Denn nicht das Genie und der Ruhm spiegelt die Größe der menschlichen Seele wider, sondern die Liebe, Güte und Gnade.

So gestärkt ist es garantiert möglich, dass wir gemeinsam in der vollen Vielfalt der Menschheit und der Natur das größte Wunder real machen, das da heißt, eine friedvolle und nachhaltige …

… Zukunft

»Denken heißt, im Unendlichen spazieren gehen.« So Jean Baptiste Henri Lacordaire.

Die unmittelbare und mittelbare Zukunft sind der Beginn der Unendlichkeit. Diese planen wir, denken also darüber nach. Aus diesem Grund handelt dieses kleine Büchlein von der Bedeutung des Dankens. Zukunft ist eine dynamische, sich laufend verändernde Dimension und endet nie. Zum Denken gehört somit auch das permanente Handeln, das Gehen. Ich halte in diesem Zusammenhang überhaupt nichts vom Rennen, bei dem man sich kurzfristig völlig verausgabt. Eine nachhaltige Zukunft lässt sich nur denkend, also mit Bedacht gehend aktiv gestalten. Dass bei einem solchen Spaziergang auch Pausen eingelegt werden müssen, um sich unter anderem an den zurückgelegten Etappen mit Stolz zu erfreuen, ergibt sich von selbst. Aus diesem Grund ende ich mit einer Perspektive für die Zukunft. Ich schreibe all dieses in der Hoffnung, damit die Angst vor etwas Neuem zu nehmen. Mir ist sehr bewusst, dass feste, gewohnte Rituale, über Generationen vermittelte Werte und Normen ein hohes Maß an persönlicher Sicherheit bedeuten. Ich möchte diese somit keinesfalls sämtlich über den Haufen werfen. Hingegen möchte ich mit einem großen Teil der bekannten Bausteine ein neues Produkt kreieren und Sie auf dem folgenden Spaziergang ge- und begleiten.

Die wohl peinlichsten Aussagen von US-Präsidenten im Zeithorizont meiner Generation waren für mich folgende:

»Die Achse des Bösen«

Glaubt denn irgendjemand, dass auf der anderen Seite dieser Achse Mütter und Väter ihre Kinder nicht auch lieben. Das Böse kennt generell keine Liebe! Richtig ist, dass das Böse auch Bestandteil einer Vielzahl von Kulturen ist. Vor diesen extremen Auswüchsen gilt es sich bekanntlich zu schützen und die friedlichen, freiheitlichen Rechte der Bevölkerungen zu verteidigen.

»America first«

Bei diesem Kapitel anzufangen, würde wohl kein Ende finden.

Wäre es nicht an der Zeit, generell über einen Slogan wie »Children first« nachzudenken. Ich meine damit nicht, dass Kinder und Jugendliche führende politische Positionen einnehmen sollen. Auch erachte ich das aktuelle altersbedingte Wahlrecht als sehr sinnvoll. Vielmehr habe ich den Eindruck, dass sich insbesondere die aktuelle Umwelt- und Flüchtlingspolitik immer noch viel zu sehr um das Jetzt und Heute kümmert. Selbstverständlich geht jeder Politiker mit seiner Wahl aufgrund seiner Wahlversprechen eine Verpflichtung gegenüber den Wählerinnen und Wählern ein. Ist diese nicht aber auch eine gegenüber den nachfolgenden Generationen, also eine Art besonderer Generationenvertrag? Dass es lebensrettend ist, wissenschaftlich fundierte Empfehlungen zu befolgen, hat die Corona-Krise bewiesen. Warum also nicht auch in anderen Bereichen, in denen es bildlich gesprochen doch schon lichterloh brennt? Diese Feuer können wir doch ebenfalls gemeinsam löschen. Garantiert!

Als sehr gut empfinde ich die Aktionen der Greta Thunberg. Die Unermüdlichkeit der Jugend macht sehr deutlich, wie groß die Angst weltweit ist. Die Jugend ist aufgestanden, nur bewegen, also gehen und verändern können sie sehr wenig, denn ihnen fehlt das Wissen. Veränderungen realisieren müssten somit wir Erwachsene. Nur, wollen wir das? Sind wir wirklich bereit und in der

Lage, unsere als stabil empfundenen Gewohnheiten, Werte und Normen zu überdenken und zwingend erforderlich zu verändern?

Ganz sicher hat die Jugend das Recht, friedlich zu demonstrieren. Aber wenn sie dauerhaft etwas verändern will, so hat sie auch die Pflicht, diszipliniert zu lernen. Denn nur so ist es möglich, freiheitlich an einer Demokratie teilzunehmen und Veränderungen herbeizuführen.

Was ich unter einer zukunftsorientierten Demokratie verstehe, möchte ich an folgenden Beispielen verdeutlichen.

Erstes Beispiel:

Stellen Sie sich vor, die Gemeinschaft der Wähler, vertreten durch zahlreiche Parteien, ist in ihrer Vielfalt wie ein bunter Blumenstrauß. Dazu gehört auch eine *braune* Blume. Nur entwickelt diese schadhafte, aggressive Ableger, welche die zukünftige Existenz der anderen, vielfältigen Blumen extrem gefährden. Zudem sind die Folgen der äußerst aggressiven Ausbreitung dieser Ableger sehr bekannt. Allein der Entzug des Nährbodens lässt sie verdorren. Also, was mit unserer zukünftigen, bunten Demokratie geschehen soll, entscheiden wir alle, jeder Einzelne.

Zweites Beispiel:

Stellen Sie sich vor, die Gemeinschaft der Wähler, vertreten durch zahlreiche Parteien, funktioniert in ihrer Vielfalt wie ein Getriebe mit sehr viel ineinandergreifenden Zahnrädern. Hier gibt es große und sehr viele kleine, linksdrehende und rechtsdrehende. Jedes einzelne ist von gleicher immenser Wichtigkeit, denn sonst funktioniert das gesamte Getriebe nicht. Nun kommt ein bisschen brauner Sand in das laufende Getriebe. Ich halte das keineswegs für schlimm, denn ein bisschen Sand schleift und schärft die Zähne der Räder. Nur, lassen wir viel Sand hinein, so bringt die Zukunft das Ende des Getriebes. Also, was mit unserer zukünftigen, vielfältigen Demokratie geschehen soll, entscheiden wir alle, jeder Einzelne.

Drittes Beispiel:
Stellen Sie sich vor, die Gemeinschaft der Wähler, vertreten durch zahlreiche Parteien, ist in ihrer Vielfalt wie ein Fußballspiel. Es unterliegt einem festen Reglement, welches für jeden Spieler grundsätzlich auf friedlichen, fairen Werten erarbeitet wurde. Vertreten und vollzogen wird dieses Reglement bekanntlich durch Schiedsrichterinnen und Schiedsrichter. Diese haben das Recht und die Pflicht, bei mehrmaligen groben Verstößen oder einem einmaligen sehr großen Regelverstoß Spielerinnen bzw. Spieler des Spielfeldes zu verweisen. Nur, welchen Repressalien, welchen Androhungen von Gewalt setzten sich die Reglementvertreterinnen und -vertreter heutzutage aus? Ist ein fairer Spielablauf überhaupt noch möglich? Brauchen sie nicht den gesicherten Rückhalt der Mehrheit für ihre Entscheidungen? Also, was mit unserer zukünftigen, viel-

fältigen Demokratie geschehen soll, entscheiden wir alle, jeder Einzelne.

Zur empfundenen Realität. Das Flaggschiff der Mitte beschäftigte sich doch geraumer Zeit vornehmlich damit: Jeder möchte einmal, ein paar dürfen einmal. Sicherlich sind zur Umweltpolitik ein paar Aktivitäten umgesetzt worden und einige geplant. Nur reicht das? Ein messbarer Erfolg ist keineswegs erkennbar. Muss beispielsweise in der heutigen Zeit noch ein weiteres Kohlekraftwerk in Betrieb genommen werden, nur weil ein hohes, bereits getätigtes Investment dahinter steht? Hätte nicht dann auch jede Schülerin und jeder Schüler den Anspruch, eine Prüfung zu bestehen mit der Maßgabe, dass sie bzw. er sich darauf vorbereitet hat? In dieser großen Verunsicherung haben sich zahlreiche Wähler nachvollziehbar den Flanken Grün (ökologische Zukunft) und Rechts (angebliche Stärke) zugewandt. Und Folgendes mag bitte als direkte Ansprache an den rechten Flügel verstanden werden: Kein Wähler ist dumm! Die Mehrheit Ihrer Wähler will mit Sicherheit keinen Extremismus! Was ist mit Ihrer Behauptung, der Klimawandel sei ausschließlich naturbedingt? Allein durch das Herunterfahren der Mobilität, der Produktion und Vermarktung von Luxusgütern aufgrund der Corona-Krise hat die Natur doch unmissverständlich das Gegenteil bewiesen. Das Klima erholt sich ein wenig! Was soll die Behauptung von der überlegenen arischen Rasse? Ist nicht gerade Deutschland dabei, sich sehr gewollt zu einer Innovationsruine zu entwickeln?

Zurzeit werden erhebliche, vollkommen berechtigte weltweite Anstrengungen unternommen, um Gesundheit und Arbeitsplätze zu schützen und möglichst auch zu sichern. Nur, was kommt dann? Soll das Alte, zum Scheitern Verurteilte aus dem Sicherheitsgefühl der Gewohnheit wieder aufgenommen werden oder gibt es einen anderen Weg, welcher stark zukunftsorientiert ist?

Mir selbst sind einige wenige Verfahren zur Energiewandlung, Energiespeicherung und Mobilität bekannt, welche zum Teil mehrere theoretische Prüfungen mit Erfolg bestanden haben. Es fehlt an dem praktischen Nachweis der Machbarkeit, bzw. der Nicht-Machbarkeit, also am Geld und dessen Einsatz. Ich bin mir sicher, dass es hierfür eine Vielzahl an Möglichkeiten gibt.

Angenommen, es würde in 100 Projekte investiert, von denen sich nur eines als realistisch herauskristallisiert. Was für ein zukunftsorientiertes Investment für alle 100, um das Eine herauszufinden! Mit dem Ergebnis: Umweltverträglichkeit und Schaffung bzw. Sicherung von Arbeitsplätzen, auch für Immigranten, um denen eine Rückkehr in deren dann stabile Heimat zu ermöglichen! Nur, alle Bemühungen brauchen ein stabiles Fundament.

Die Werte und Normen unserer Gesellschaft sind in der Verfassung, dem Grundgesetz klar definiert. Wie kann es dann zum Beispiel möglich sein, dass Beschimpfungen und Beleidigungen in der aggressivsten und perversesten Form rechtens sind? Haben die Schiedsrichter Angst?

Die Werte unseres Grundgesetzes basieren auf den zehn christlichen Geboten. Haben dies Schiedsrichter auch hier Angst? Gerade für sie sollte doch der 2. Timotheus, Vers 7 gelten: »Denn Gott hat uns nicht gegeben den Geist der Furcht, sondern der Kraft und der Liebe und der Besonnenheit.«

Greta Thunberg macht es doch sehr deutlich. Die Jugend hat Angst! Sollten nicht zukünftig auch die Vertreter der Kirchen eine noch klarere, deutlichere Stellung zu den Themen Rechtsradikalismus, Flüchtlingspolitik und Umweltschutz beziehen?

Es steht doch unumstritten fest: Unser Grundgesetz gilt für alle in Deutschland lebenden Menschen, ausnahmslos. Andere Staaten haben andere Verfassungen, welche mit Sicherheit auch dem Frieden dienen sollen. Nur sollten diese auch dort angewandt werden.

Kommen wir zurück zum Beispiel des Fußballspiels. Angenommen, ein Baseballspieler spielt mit. Er tritt nicht gegen den Ball, sondern drischt mit seinen Schläger mit voller Wucht gegen diesen und zertrümmert die Knöchel der umliegenden Mitspieler. Der Konflikt ist da.

Das Dach globaler Herausforderungen kann nur von Mauern mit Steinen getragen werden, welche durch allgemein geltende Grundwerte in sich stabil sind und sich so mit anderen verbinden. So sind friedliche, zukunftsorientierte, multikulturelle Staatssysteme möglich, was sehr wünschenswert ist.

Als ebenfalls sehr zukunftsorientiert und wünschenswert erachte ich, wenn das »Flaggschiff« der Parteien der Mitte durch die »Flankenparteien« der Rechten, Linken und Grünen (bitte keine Extremisten) durch deren Existenz und Bedeutung in der Bundespolitik auf Kurs gehalten wird. Die Bedeutung einer umweltverträglichen und menschenwürdigen Politik ist existenziell. Die Bedeutung nationaler Werte und Normen und eines Grundkapitalismus sind ebenfalls hoch. Es macht keinen Sinn, alle Menschen wirtschaftlich generell gleichzustellen. Woher sollen dann die erforderlichen Reserven kommen, um einen unerwarteten Sturm, eine Krise zeitnah abfedern zu können? Hingegen muss eine menschenwürdige Grundversorgung aller zukünftig gewährleistet sein. Eine Politik mit grundlegenden Entscheidungen den Regeln einiger weniger Superreicher zu unterwerfen, kann nur unsozial sein, mit einem kurzen, eingeschränkten Horizont. Glaubt jemand, dass ein immenses wirtschaftliches Privat- oder Firmenvermögen, eingesetzt zu weiterer Geldmehrung, eine dauerhafte Zufriedenheit mit sich bringt?

Die Corona-Krise hat doch bewiesen, wie wichtig eine möglichst einheitliche Koordination der Entscheidungen ist. Aber das Allerwichtigste: So viele Menschen haben es *gelebt* und *erlebt*, wie wichtig der persönliche, zum Teil sogar riskante Einsatz für die Menschlichkeit ist. Dieses bringt doch das Gefühl der nachhaltigen Zufriedenheit und ist doch wohl das Fundament für eine starke Zukunft! Bitte nicht müde werden. Aber machen Sie nach einem

Etappenziel eine Pause, um Energie zu tanken, um mit Stolz zu bewundern, was sie durch Ihre persönlichen Werten gelebt und geleistet haben, gönnen Sie sich in Maßen etwas, denn Sie haben Übermäßiges verdient: Zukunft.

Marcel Proust formuliert es so: »Versuche stets, ein Stückchen Himmel über deinem Leben freizuhalten.«

Wäre es nicht wunderschön, wenn beispielsweise Heinz Rudolf Kunze auch heutzutage singen würde: »Eines Herren Land der Liebe.« Der Keim ist doch aufgegangen. Er braucht Wasser und Nahrung.

Wenn Peter Maffay heutzutage singen würde: »Weil es noch viel Gutes gibt, darum glaube ich.« Die Tatsachen sind doch offensichtlich.

Könnte der Liedtext von Hans Hartz heutzutage nicht lauten: »Die weißen Tauben haben Kinder, zusammen stark wie nie zuvor. Die Schnäbel randgefüllt mit Liebe, gemeinsam fliegen sie empor.«

Denn das ist die wunderbare Realität!

Gemeinsam sind wir auf dem Weg, eine friedliche, nachhaltige Zukunft zu

GESTALTEN.